Thousand Characte

千字文

Chinese Worksheets for Memorization and Writing

First Edition, 2016

Printed by CreateSpace, An Amazon.com Company
Available from Amazon.com, CreateSpace.com, and other retail outlets

Printed in the United States of America

ISBN-10: 1523261374
ISBN-13: 978-1523261376

Table of Contents

Chapter **Page**

Thousand Character Classic 千字文 Chapter 1

Name:

tiān	dì	xuán	huáng
天	地	玄	黄

The heavens are deep, the earth is yellow

yǔ	zhòu	hóng	huāng
宇	宙	洪	荒

The universe vast and time ?

rì	yuè	yíng	zè
日	月	盈	昃

chén	sù	liè	zhāng
辰	宿	列	張

hán	lái	shǔ	wǎng
寒	來	暑	往

qiū	shōu	dōng	cáng
秋	收	冬	藏

rùn	yú	chéng	suì
閏	餘	成	歲

Name:

lǜ	lǚ	diào	yáng
律	呂	調	陽
yún	téng	zhì	yǔ
雲	騰	致	雨
lù	jié	wéi	shuāng
露	結	為	霜
jīn	shēng	lì	shuǐ
金	生	麗	水
yù	chū	kūn	gǎng
玉	出	崑	崗
jiàn	hào	jù	quē
劍	號	巨	闕
zhū	chēng	yè	guāng
珠	稱	夜	光

Name:

guǒ	zhēn	lǐ	nài						
果	珍	李	柰						

cài	chóng	jiè	jiāng						
菜	重	芥	薑						

hǎi	xián	hé	dàn						
海	鹹	河	淡						

lín	qián	yǔ	xiáng						
鱗	潛	羽	翔						

Name:

lóng	shī	huǒ	dì						
龍	師	火	帝						

niǎo	guān	rén	huáng						
鳥	官	人	皇						

shǐ	zhì	wén	zì						
始	制	文	字						

nǎi	fú	yī	shāng						
乃	服	衣	裳						

tuī	wèi	ràng	guó						
推	位	讓	國						

yǒu	yú	táo	táng						
有	虞	陶	唐						

diào	mín	fá	zuì						
弔	民	伐	罪						

Thousand Character Classic 千字文 Chapter 2

Name:

zhōu	fā	yīn	tāng
周	發	殷	湯
zuò	cháo	wèn	dào
坐	朝	問	道
chuí	gǒng	píng	zhāng
垂	拱	平	章
ài	yù	lí	shǒu
愛	育	黎	首
chén	fú	róng	qiāng
臣	伏	戎	羌
xiá	ěr	yī	tǐ
遐	邇	壹	體
shuài	bīn	guī	wáng
率	賓	歸	王

Name:

míng	fèng	zài	shù						
鳴	鳳	在	樹						
bái	jū	shí	chǎng						
白	駒	食	場						
huà	bèi	cǎo	mù						
化	被	草	木						
lài	jí	wàn	fāng						
賴	及	萬	方						

Thousand Character Classic 千字文 Chapter 3

Name:

gài	cǐ	shēn	fā
蓋	此	身	髮

sì	dà	wǔ	cháng
四	大	五	常

gōng	wéi	jū	yǎng
恭	惟	鞠	養

qǐ	gǎn	huǐ	shāng
豈	敢	毀	傷

nǚ	mù	zhēn	jié
女	慕	貞	絜

nán	xiào	cái	liáng
男	效	才	良

zhī	guò	bì	gǎi
知	過	必	改

Name:

dé	néng	mò	wàng
得	能	莫	忘
wǎng	tán	bǐ	duǎn
罔	談	彼	短
mí	shì	jǐ	cháng
靡	恃	己	長
xìn	shǐ	kě	fù
信	使	可	覆
qì	yù	nán	liáng
器	欲	難	量
mò	bēi	sī	rǎn
墨	悲	絲	染
shī	zàn	gāo	yáng
詩	讚	羔	羊

Thousand Character Classic 千字文 Chapter 3

Name:

jǐng	xíng	wéi	xián
景	行	維	賢

kè	niàn	zuò	shèng
剋	念	作	聖

dé	jiàn	míng	lì
德	建	名	立

xíng	duān	biǎo	zhèng
形	端	表	正

kōng	gǔ	chuán	shēng
空	谷	傳	聲

xū	táng	xí	tīng
虛	堂	習	聽

huò	yīn	è	jī
禍	因	惡	積

Name:

fú	yuán	shàn	qìng
福	緣	善	慶

chǐ	bì	fēi	bǎo
尺	璧	非	寶

cùn	yīn	shì	jìng
寸	陰	是	競

zī	fù	shì	jūn
資	父	事	君

yuē	yán	yú	jìng
曰	嚴	與	敬

xiào	dāng	jié	lì
孝	當	竭	力

zhōng	zé	jǐn	mìng
忠	則	盡	命

Name:

lín	shēn	lǚ	bó
臨	深	履	薄
sù	xìng	wēn	qìng
夙	興	溫	凊
shì	lán	sī	xīn
似	蘭	斯	馨
rú	sōng	zhī	shèng
如	松	之	盛
chuān	liú	bù	xī
川	流	不	息
yuān	chéng	qǔ	yìng
淵	澄	取	映
róng	zhǐ	ruò	sī
容	止	若	思

Name:

yán	cí	ān	dìng
言	辭	安	定

dǔ	chū	chéng	měi
篤	初	誠	美

shèn	zhōng	yí	lìng
慎	終	宜	令

róng	yè	suǒ	jī
榮	業	所	基

jí	shèn	wú	jìng
藉	甚	無	竟

xué	yōu	dēng	shì
學	優	登	仕

shè	zhí	cóng	zhèng
攝	職	從	政

ame:

cún	yǐ	gān	táng
存	以	甘	棠

qù	ér	yì	yǒng
去	而	益	詠

lè	shū	guì	jiàn
樂	殊	貴	賤

lǐ	bié	zūn	bēi
禮	別	尊	卑

shàng	hé	xià	mù
上	和	下	睦

fū	chàng	fù	suí
夫	唱	婦	隨

wài	shòu	fù	xùn
外	受	傅	訓

Name:

rù	fèng	mǔ	yí						
入	奉	母	儀						

zhū	gū	bó	shū						
諸	姑	伯	叔						

yóu	zǐ	bǐ	ér						
猶	子	比	兒						

kǒng	huái	xiōng	dì						
孔	懷	兄	弟						

tóng	qì	lián	zhī						
同	氣	連	枝						

jiāo	yǒu	tóu	fēn						
交	友	投	分						

qiē	mó	zhēn	guī						
切	磨	箴	規						

Name:

rén	cí	yǐn	cè
仁	慈	隱	惻
zào	cì	fú	lí
造	次	弗	離
jié	yì	lián	tuì
節	義	廉	退
diān	pèi	fěi	kuī
顛	沛	匪	虧
xìng	jìng	qíng	yì
性	靜	情	逸
xīn	dòng	shén	pí
心	動	神	疲
shǒu	zhēn	zhì	mǎn
守	真	志	滿

Name:

zhú	wù	yì	yí
逐	物	意	移

jiān	chí	yǎ	cāo
堅	持	雅	操

hǎo	jué	zì	mí
好	爵	自	縻

ame:

dōu	yì	huá	xià
都	邑	華	夏
dōng	xī	èr	jīng
東	西	二	京
bēi	máng	miàn	luò
背	邙	面	洛
fú	wèi	jù	jīng
浮	渭	據	涇
gōng	diàn	pán	yù
宮	殿	盤	鬱
lóu	guān	fēi	jīng
樓	觀	飛	驚
tú	xiě	qín	shòu
圖	寫	禽	獸

Name:

huà	cǎi	xiān	líng						
畫	綵	仙	靈						

bǐng	shě	bàng	qǐ						
丙	舍	傍	啟						

jiǎ	zhàng	duì	yíng						
甲	帳	對	楹						

sì	yán	shè	xí						
肆	筵	設	席						

gǔ	sè	chuī	shēng						
鼓	瑟	吹	笙						

shēng	jiē	nà	bì						
升	階	納	陛						

biàn	zhuǎn	yí	xīng						
弁	轉	疑	星						

Thousand Character Classic 千字文 Chapter 4

ame:

yòu	tōng	guǎng	nèi
右	通	廣	内
zuǒ	dá	chéng	míng
左	達	承	明
jì	jí	fén	diǎn
既	集	墳	典
yì	jù	qún	yīng
亦	聚	群	英
dù	gǎo	zhōng	lì
杜	稿	鍾	隸
qī	shū	bì	jīng
漆	書	壁	經
fǔ	luó	jiāng	xiāng
府	羅	將	相

Name:

lù	xiá	huái	qīng
路	俠	槐	卿

hù	fēng	bā	xiàn
戶	封	八	縣

jiā	gěi	qiān	bīng
家	給	千	兵

gāo	guàn	péi	niǎn
高	冠	陪	輦

qū	gǔ	zhèn	yīng
驅	轂	振	纓

shì	lù	chǐ	fù
世	祿	侈	富

chē	jià	féi	qīng
車	駕	肥	輕

Thousand Character Classic 千字文 Chapter 4

ame:

cè	gōng	mào	shí
策	功	茂	實

lè	bēi	kè	míng
勒	碑	刻	銘

pán	xī	yī	yǐn
磻	溪	伊	尹

zuǒ	shí	ā	héng
佐	時	阿	衡

yǎn	zhái	qǔ	fù
奄	宅	曲	阜

wēi	dàn	shú	yíng
微	旦	孰	營

huán	gōng	kuāng	hé
桓	公	匡	合

Name:

jì	ruò	fú	qīng
濟	弱	扶	傾
qǐ	huí	hàn	huì
綺	迴	漢	惠
shuō	gǎn	wǔ	dīng
說	感	武	丁
jùn	yì	mì	wù
俊	乂	密	勿
duō	shì	shí	níng
多	士	寔	寧
jìn	chǔ	gèng	bà
晉	楚	更	霸
zhào	wèi	kùn	héng
趙	魏	困	橫

Thousand Character Classic 千字文 Chapter 4

ame:

jiǎ	tú	miè	guó
假	途	滅	虢
jiàn	tǔ	huì	méng
踐	土	會	盟
hé	zūn	yuē	fǎ
何	遵	約	法
hán	bì	fán	xíng
韓	弊	煩	刑
qǐ	jiǎn	pō	mù
起	翦	頗	牧
yòng	jūn	zuì	jīng
用	軍	最	精
xuān	wēi	shā	mò
宣	威	沙	漠

Name:

chí	yù	dān	qīng
馳	譽	丹	青
jiǔ	zhōu	yǔ	jì
九	州	禹	跡
bǎi	jùn	qín	bìng
百	郡	秦	并
yuè	zōng	héng	dài
嶽	宗	恒	岱
chán	zhǔ	yún	tíng
禪	主	云	亭
yàn	mén	zǐ	sāi
雁	門	紫	塞
jī	tián	chì	chéng
雞	田	赤	城

Name:

kūn	chí	jié	shí
昆	池	碣	石

jù	yě	dòng	tíng
鉅	野	洞	庭

kuàng	yuǎn	mián	miǎo
曠	遠	綿	邈

yán	xiù	yǎo	míng
巖	岫	杳	冥

Name:

zhì	běn	yú	nóng
治	本	於	農
wù	zī	jià	sè
務	茲	稼	穡
chù	zǎi	nán	mǔ
俶	載	南	畝
wǒ	yì	shǔ	jì
我	藝	黍	稷
shuì	shú	gòng	xīn
稅	熟	貢	新
quàn	shǎng	chù	zhì
勸	賞	黜	陟
mèng	kē	dūn	sù
孟	軻	敦	素

ame:

shǐ	yú	bǐng	zhí
史	魚	秉	直
shù	jǐ	zhōng	yōng
庶	幾	中	庸
láo	qiān	jǐn	chì
勞	謙	謹	敕
líng	yīn	chá	lǐ
聆	音	察	理
jiàn	mào	biàn	sè
鑒	貌	辨	色
yí	jué	jiā	yóu
貽	厥	嘉	猷
miǎn	qí	zhī	zhí
勉	其	祗	植

Name:

shěng	gōng	jī	jiè
省	躬	譏	誡
chǒng	zēng	kàng	jí
寵	增	抗	極
dài	rǔ	jìn	chǐ
殆	辱	近	恥
lín	gāo	xìng	jí
林	皋	幸	即
liǎng	shū	jiàn	jī
兩	疏	見	機
jiě	zǔ	shéi	bī
解	組	誰	逼
suǒ	jū	xián	chǔ
索	居	閒	處

Name:

chén	mò	jì	liáo
沉	默	寂	寥
qiú	gǔ	xún	lùn
求	古	尋	論
sǎn	lǜ	xiāo	yáo
散	慮	逍	遙
xīn	zòu	lèi	qiǎn
欣	奏	累	遣
qī	xiè	huān	zhāo
慼	謝	歡	招
qú	hé	de	lì
渠	荷	的	歷
yuán	mǎng	chōu	tiáo
園	莽	抽	條

Name:

pí	pá	wǎn	cuì
枇	杷	晚	翠
wú	tóng	zǎo	diāo
梧	桐	早	凋
chén	gēn	wěi	yì
陳	根	委	翳
luò	yè	piāo	yáo
落	葉	飄	颻
yóu	kūn	dú	yùn
遊	鵾	獨	運
líng	mó	jiàng	xiāo
凌	摩	絳	霄

ame:

dān	dú	wán	shì
耽	讀	翫	市
yù	mù	náng	xiāng
寓	目	囊	箱
yì	yóu	yōu	wèi
易	輶	攸	畏
shǔ	ěr	yuán	qiáng
屬	耳	垣	牆
jù	shàn	cān	fàn
具	膳	餐	飯
shì	kǒu	chōng	cháng
適	口	充	腸
bǎo	yù	pēng	zǎi
飽	飫	烹	宰

Name:

jī	yàn	zāo	kāng
飢	厭	糟	糠
qīn	qī	gù	jiù
親	戚	故	舊
lǎo	shǎo	yì	liáng
老	少	異	糧
qiè	yù	jì	fǎng
妾	御	績	紡
shì	jīn	wéi	fáng
侍	巾	帷	房
wán	shàn	yuán	jié
紈	扇	圓	潔
yín	zhú	wěi	huáng
銀	燭	煒	煌

Thousand Character Classic 千字文 Chapter 6

Name:

zhòu	mián	xī	mèi
晝	眠	夕	寐

lán	sǔn	xiàng	chuáng
藍	筍	象	床

xián	gē	jiǔ	yàn
弦	歌	酒	宴

jiē	bēi	jǔ	shāng
接	杯	舉	觴

jiǎo	shǒu	dùn	zú
矯	手	頓	足

yuè	yù	qiě	kāng
悅	豫	且	康

dí	hòu	sì	xù
嫡	後	嗣	續

Name:

jì	sì	zhēng	cháng
祭	祀	烝	嘗
jī	sǎng	zài	bài
稽	顙	再	拜
sǒng	jù	kǒng	huáng
悚	懼	恐	惶
jiān	dié	jiǎn	yào
牋	牒	簡	要
gù	dá	shěn	xiáng
顧	答	審	詳
hái	gòu	xiǎng	yù
骸	垢	想	浴
zhí	rè	yuàn	liáng
執	熱	願	涼

Name:

lǘ	luó	dú	tè
驢	騾	犢	特

hài	yuè	chāo	xiāng
駭	躍	超	驤

zhū	zhǎn	zéi	dào
誅	斬	賊	盜

bǔ	huò	pàn	wáng
捕	獲	叛	亡

Name:

bù	shè	liáo	wán
布	射	遼	丸
jī	qín	ruǎn	xiào
嵇	琴	阮	嘯
tián	bǐ	lún	zhǐ
恬	筆	倫	紙
jūn	qiǎo	rèn	diào
鈞	巧	任	釣
shì	fēn	lì	sú
釋	紛	利	俗
bìng	jiē	jiā	miào
並	皆	佳	妙
máo	shī	shū	zī
毛	施	淑	姿

Name:

gōng	pín	yán	xiào
工	顰	妍	笑
nián	shǐ	měi	cuī
年	矢	每	催
xī	huī	lǎng	yào
曦	暉	朗	曜
xuán	jī	xuán	wò
璇	璣	懸	斡
huì	pò	huán	zhào
晦	魄	環	照
zhǐ	xīn	xiū	hù
指	薪	修	祜
yǒng	suí	jí	shào
永	綏	吉	劭

Name:

jǔ	bù	yǐn	lǐng
矩	步	引	領

fǔ	yǎng	láng	miào
俯	仰	廊	廟

shù	dài	jīn	zhuāng
束	帶	矜	莊

pái	huái	zhān	tiào
徘	徊	瞻	眺

gū	lòu	guǎ	wén
孤	陋	寡	聞

yú	méng	děng	qiào
愚	蒙	等	誚

wèi	yǔ	zhù	zhě
謂	語	助	者

Name:

yān	zāi	hū	yě						
焉	哉	乎	也						

Name:

tiān	dì	xuán	huáng
天	地	玄	黃
yǔ	zhòu	hóng	huāng
宇	宙	洪	荒
rì	yuè	yíng	zè
日	月	盈	昃
chén	sù	liè	zhāng
辰	宿	列	張
hán	lái	shǔ	wǎng
寒	來	暑	往
qiū	shōu	dōng	cáng
秋	收	冬	藏
rùn	yú	chéng	suì
閏	餘	成	歲

Name:

lǜ	lǚ	diào	yáng
律	呂	調	陽
yún	téng	zhì	yǔ
雲	騰	致	雨
lù	jié	wéi	shuāng
露	結	為	霜
jīn	shēng	lì	shuǐ
金	生	麗	水
yù	chū	kūn	gǎng
玉	出	崑	崗
jiàn	hào	jù	quē
劍	號	巨	闕
zhū	chēng	yè	guāng
珠	稱	夜	光

Name:

guǒ	zhēn	lǐ	nài						
果	珍	李	柰						

cài	chóng	jiè	jiāng						
菜	重	芥	薑						

hǎi	xián	hé	dàn						
海	鹹	河	淡						

lín	qián	yǔ	xiáng						
鱗	潛	羽	翔						

Thousand Character Classic 千字文 Chapter 2

Name:

lóng	shī	huǒ	dì
龍	師	火	帝

niǎo	guān	rén	huáng
鳥	官	人	皇

shǐ	zhì	wén	zì
始	制	文	字

nǎi	fú	yī	shāng
乃	服	衣	裳

tuī	wèi	ràng	guó
推	位	讓	國

yǒu	yú	táo	táng
有	虞	陶	唐

diào	mín	fá	zuì
弔	民	伐	罪

Name:

zhōu	fā	yīn	tāng
周	發	殷	湯
zuò	cháo	wèn	dào
坐	朝	問	道
chuí	gǒng	píng	zhāng
垂	拱	平	章
ài	yù	lí	shǒu
愛	育	黎	首
chén	fú	róng	qiāng
臣	伏	戎	羌
xiá	ěr	yī	tǐ
遐	邇	壹	體
shuài	bīn	guī	wáng
率	賓	歸	王

Thousand Character Classic 千字文 Chapter 2

Name:

míng	fèng	zài	shù
鳴	鳳	在	樹

bái	jū	shí	chǎng
白	駒	食	場

huà	bèi	cǎo	mù
化	被	草	木

lài	jí	wàn	fāng
賴	及	萬	方

Name:

gài	cǐ	shēn	fā						
蓋	此	身	髮						

sì	dà	wǔ	cháng						
四	大	五	常						

gōng	wéi	jū	yǎng						
恭	惟	鞠	養						

qǐ	gǎn	huǐ	shāng						
豈	敢	毀	傷						

nǚ	mù	zhēn	jié						
女	慕	貞	絜						

nán	xiào	cái	liáng						
男	效	才	良						

zhī	guò	bì	gǎi						
知	過	必	改						

Name:

dé	néng	mò	wàng
得	能	莫	忘
wǎng	tán	bǐ	duǎn
罔	談	彼	短
mí	shì	jǐ	cháng
靡	恃	己	長
xìn	shǐ	kě	fù
信	使	可	覆
qì	yù	nán	liáng
器	欲	難	量
mò	bēi	sī	rǎn
墨	悲	絲	染
shī	zàn	gāo	yáng
詩	讚	羔	羊

Name:

jǐng	xíng	wéi	xián						
景	行	維	賢						

kè	niàn	zuò	shèng						
剋	念	作	聖						

dé	jiàn	míng	lì						
德	建	名	立						

xíng	duān	biǎo	zhèng						
形	端	表	正						

kōng	gǔ	chuán	shēng						
空	谷	傳	聲						

xū	táng	xí	tīng						
虛	堂	習	聽						

huò	yīn	è	jī						
禍	因	惡	積						

ame:

fú	yuán	shàn	qìng
福	緣	善	慶
chǐ	bì	fēi	bǎo
尺	璧	非	寶
cùn	yīn	shì	jìng
寸	陰	是	競
zī	fù	shì	jūn
資	父	事	君
yuē	yán	yú	jìng
曰	嚴	與	敬
xiào	dāng	jié	lì
孝	當	竭	力
zhōng	zé	jǐn	mìng
忠	則	盡	命

Name:

lín	shēn	lǚ	bó
臨	深	履	薄

sù	xìng	wēn	qìng
夙	興	溫	清

shì	lán	sī	xīn
似	蘭	斯	馨

rú	sōng	zhī	shèng
如	松	之	盛

chuān	liú	bù	xī
川	流	不	息

yuān	chéng	qǔ	yìng
淵	澄	取	映

róng	zhǐ	ruò	sī
容	止	若	思

Name:

yán	cí	ān	dìng						
言	辭	安	定						

dǔ	chū	chéng	měi						
篤	初	誠	美						

shèn	zhōng	yí	lìng						
慎	終	宜	令						

róng	yè	suǒ	jī						
榮	業	所	基						

jí	shèn	wú	jìng						
藉	甚	無	竟						

xué	yōu	dēng	shì						
學	優	登	仕						

shè	zhí	cóng	zhèng						
攝	職	從	政						

Name:

cún	yǐ	gān	táng						
存	以	甘	棠						

qù	ér	yì	yǒng						
去	而	益	詠						

lè	shū	guì	jiàn						
樂	殊	貴	賤						

lǐ	bié	zūn	bēi						
禮	别	尊	卑						

shàng	hé	xià	mù						
上	和	下	睦						

fū	chàng	fù	suí						
夫	唱	婦	隨						

wài	shòu	fù	xùn						
外	受	傅	訓						

Name:

rù	fèng	mǔ	yí
入	奉	母	儀
zhū	gū	bó	shū
諸	姑	伯	叔
yóu	zǐ	bǐ	ér
猶	子	比	兒
kǒng	huái	xiōng	dì
孔	懷	兄	弟
tóng	qì	lián	zhī
同	氣	連	枝
jiāo	yǒu	tóu	fēn
交	友	投	分
qiē	mó	zhēn	guī
切	磨	箴	規

Name:

rén	cí	yǐn	cè						
仁	慈	隱	惻						

zào	cì	fú	lí						
造	次	弗	離						

jié	yì	lián	tuì						
節	義	廉	退						

diān	pèi	fěi	kuī						
顛	沛	匪	虧						

xìng	jìng	qíng	yì						
性	靜	情	逸						

xīn	dòng	shén	pí						
心	動	神	疲						

shǒu	zhēn	zhì	mǎn						
守	真	志	滿						

Thousand Character Classic 千字文 Chapter 3

Name:

zhú	wù	yì	yí
逐	物	意	移

jiān	chí	yǎ	cāo
堅	持	雅	操

hǎo	jué	zì	mí
好	爵	自	縻

Name:

dōu	yì	huá	xià						
都	邑	華	夏						

dōng	xī	èr	jīng						
東	西	二	京						

bēi	máng	miàn	luò						
背	邙	面	洛						

fú	wèi	jù	jīng						
浮	渭	據	涇						

gōng	diàn	pán	yù						
宮	殿	盤	鬱						

lóu	guān	fēi	jīng						
樓	觀	飛	驚						

tú	xiě	qín	shòu						
圖	寫	禽	獸						

Name:

huà	cǎi	xiān	líng
畫	綵	仙	靈

bǐng	shě	bàng	qǐ
丙	舍	傍	啟

jiǎ	zhàng	duì	yíng
甲	帳	對	楹

sì	yán	shè	xí
肆	筵	設	席

gǔ	sè	chuī	shēng
鼓	瑟	吹	笙

shēng	jiē	nà	bì
升	階	納	陛

biàn	zhuǎn	yí	xīng
弁	轉	疑	星

Name:

yòu	tōng	guǎng	nèi
右	通	廣	内
zuǒ	dá	chéng	míng
左	達	承	明
jì	jí	fén	diǎn
既	集	墳	典
yì	jù	qún	yīng
亦	聚	群	英
dù	gǎo	zhōng	lì
杜	稿	鍾	隸
qī	shū	bì	jīng
漆	書	壁	經
fǔ	luó	jiāng	xiāng
府	羅	將	相

Name:

lù	xiá	huái	qīng						
路	俠	槐	卿						
hù	fēng	bā	xiàn						
戶	封	八	縣						
jiā	gěi	qiān	bīng						
家	給	千	兵						
gāo	guàn	péi	niǎn						
高	冠	陪	輦						
qū	gǔ	zhèn	yīng						
驅	轂	振	纓						
shì	lù	chǐ	fù						
世	祿	侈	富						
chē	jià	féi	qīng						
車	駕	肥	輕						

Thousand Character Classic 千字文 Chapter 4

Name:

cè	gōng	mào	shí
策	功	茂	實
lè	bēi	kè	míng
勒	碑	刻	銘
pán	xī	yī	yǐn
磻	溪	伊	尹
zuǒ	shí	ā	héng
佐	時	阿	衡
yǎn	zhái	qǔ	fù
奄	宅	曲	阜
wēi	dàn	shú	yíng
微	旦	孰	營
huán	gōng	kuāng	hé
桓	公	匡	合

Name:

jì	ruò	fú	qīng
濟	弱	扶	傾

qǐ	huí	hàn	huì
綺	迴	漢	惠

shuō	gǎn	wǔ	dīng
說	感	武	丁

jùn	yì	mì	wù
俊	乂	密	勿

duō	shì	shí	níng
多	士	寔	寧

jìn	chǔ	gèng	bà
晉	楚	更	霸

zhào	wèi	kùn	héng
趙	魏	困	橫

Name:

jiǎ	tú	miè	guó
假	途	滅	虢

jiàn	tǔ	huì	méng
踐	土	會	盟

hé	zūn	yuē	fǎ
何	遵	約	法

hán	bì	fán	xíng
韓	弊	煩	刑

qǐ	jiǎn	pō	mù
起	翦	頗	牧

yòng	jūn	zuì	jīng
用	軍	最	精

xuān	wēi	shā	mò
宣	威	沙	漠

Name:

chí	yù	dān	qīng
馳	譽	丹	青
jiǔ	zhōu	yǔ	jì
九	州	禹	跡
bǎi	jùn	qín	bìng
百	郡	秦	并
yuè	zōng	héng	dài
嶽	宗	恒	岱
chán	zhǔ	yún	tíng
禪	主	云	亭
yàn	mén	zǐ	sāi
雁	門	紫	塞
jī	tián	chì	chéng
雞	田	赤	城

Name:

kūn	chí	jié	shí
昆	池	碣	石

jù	yě	dòng	tíng
鉅	野	洞	庭

kuàng	yuǎn	mián	miǎo
曠	遠	綿	邈

yán	xiù	yǎo	míng
巖	岫	杳	冥

Thousand Character Classic 千字文 Chapter 5

Name:

zhì	běn	yú	nóng
治	本	於	農
wù	zī	jià	sè
務	茲	稼	穡
chù	zǎi	nán	mǔ
俶	載	南	畝
wǒ	yì	shǔ	jì
我	藝	黍	稷
shuì	shú	gòng	xīn
稅	熟	貢	新
quàn	shǎng	chù	zhì
勸	賞	黜	陟
mèng	kē	dūn	sù
孟	軻	敦	素

Name:

shǐ	yú	bǐng	zhí						
史	魚	秉	直						

shù	jǐ	zhōng	yōng						
庶	幾	中	庸						

láo	qiān	jǐn	chì						
勞	謙	謹	敕						

líng	yīn	chá	lǐ						
聆	音	察	理						

jiàn	mào	biàn	sè						
鑒	貌	辨	色						

yí	jué	jiā	yóu						
貽	厥	嘉	猷						

miǎn	qí	zhī	zhí						
勉	其	祗	植						

Name:

shěng	gōng	jī	jiè
省	躬	譏	誡

chǒng	zēng	kàng	jí
寵	增	抗	極

dài	rǔ	jìn	chǐ
殆	辱	近	恥

lín	gāo	xìng	jí
林	皋	幸	即

liǎng	shū	jiàn	jī
兩	疏	見	機

jiě	zǔ	shéi	bī
解	組	誰	逼

suǒ	jū	xián	chǔ
索	居	閒	處

Name:

chén	mò	jì	liáo
沉	默	寂	寥

qiú	gǔ	xún	lùn
求	古	尋	論

sǎn	lǜ	xiāo	yáo
散	慮	逍	遙

xīn	zòu	lèi	qiǎn
欣	奏	累	遣

qī	xiè	huān	zhāo
慼	謝	歡	招

qú	hé	de	lì
渠	荷	的	歷

yuán	mǎng	chōu	tiáo
園	莽	抽	條

Name:

pí	pá	wǎn	cuì
枇	杷	晚	翠
wú	tóng	zǎo	diāo
梧	桐	早	凋
chén	gēn	wěi	yì
陳	根	委	翳
luò	yè	piāo	yáo
落	葉	飄	颻
yóu	kūn	dú	yùn
遊	鵾	獨	運
líng	mó	jiàng	xiāo
凌	摩	絳	霄

Name:

dān	dú	wán	shì
耽	讀	翫	市
yù	mù	náng	xiāng
寓	目	囊	箱
yì	yóu	yōu	wèi
易	輶	攸	畏
shǔ	ěr	yuán	qiáng
屬	耳	垣	牆
jù	shàn	cān	fàn
具	膳	餐	飯
shì	kǒu	chōng	cháng
適	口	充	腸
bǎo	yù	pēng	zǎi
飽	飫	烹	宰

Name:

jī	yàn	zāo	kāng
飢	厭	糟	糠
qīn	qī	gù	jiù
親	戚	故	舊
lǎo	shǎo	yì	liáng
老	少	異	糧
qiè	yù	jì	fǎng
妾	御	績	紡
shì	jīn	wéi	fáng
侍	巾	帷	房
wán	shàn	yuán	jié
紈	扇	圓	潔
yín	zhú	wěi	huáng
銀	燭	煒	煌

Name:

zhòu	mián	xī	mèi
晝	眠	夕	寐

lán	sǔn	xiàng	chuáng
藍	筍	象	床

xián	gē	jiǔ	yàn
弦	歌	酒	宴

jiē	bēi	jǔ	shāng
接	杯	舉	觴

jiǎo	shǒu	dùn	zú
矯	手	頓	足

yuè	yù	qiě	kāng
悅	豫	且	康

dí	hòu	sì	xù
嫡	後	嗣	續

Thousand Character Classic 千字文 Chapter 6

Name:

jì	sì	zhēng	cháng
祭	祀	烝	嘗
jī	sǎng	zài	bài
稽	顙	再	拜
sǒng	jù	kǒng	huáng
悚	懼	恐	惶
jiān	dié	jiǎn	yào
牋	牒	簡	要
gù	dá	shěn	xiáng
顧	答	審	詳
hái	gòu	xiǎng	yù
骸	垢	想	浴
zhí	rè	yuàn	liáng
執	熱	願	涼

Name:

lǘ	luó	dú	tè
驢	騾	犢	特
hài	yuè	chāo	xiāng
駭	躍	超	驤
zhū	zhǎn	zéi	dào
誅	斬	賊	盜
bǔ	huò	pàn	wáng
捕	獲	叛	亡

Thousand Character Classic 千字文 Chapter 7

Name:

bù	shè	liáo	wán
布	射	遼	丸

jī	qín	ruǎn	xiào
嵇	琴	阮	嘯

tián	bǐ	lún	zhǐ
恬	筆	倫	紙

jūn	qiǎo	rèn	diào
鈞	巧	任	釣

shì	fēn	lì	sú
釋	紛	利	俗

bìng	jiē	jiā	miào
並	皆	佳	妙

máo	shī	shū	zī
毛	施	淑	姿

Name:

gōng	pín	yán	xiào
工	顰	妍	笑
nián	shǐ	měi	cuī
年	矢	每	催
xī	huī	lǎng	yào
曦	暉	朗	曜
xuán	jī	xuán	wò
璇	璣	懸	斡
huì	pò	huán	zhào
晦	魄	環	照
zhǐ	xīn	xiū	hù
指	薪	修	祜
yǒng	suí	jí	shào
永	綏	吉	劭

Name:

jǔ	bù	yǐn	lǐng
矩	步	引	領
fǔ	yǎng	láng	miào
俯	仰	廊	廟
shù	dài	jīn	zhuāng
束	帶	矜	莊
pái	huái	zhān	tiào
徘	徊	瞻	眺
gū	lòu	guǎ	wén
孤	陋	寡	聞
yú	méng	děng	qiào
愚	蒙	等	誚
wèi	yǔ	zhù	zhě
謂	語	助	者

Name:

yān	zāi	hū	yě						
焉	哉	乎	也						

Thousand Character Classic 千字文 Chapter 1

Name:

tiān	dì	xuán	huáng
天	地	玄	黃

yǔ	zhòu	hóng	huāng
宇	宙	洪	荒

rì	yuè	yíng	zè
日	月	盈	昃

chén	sù	liè	zhāng
辰	宿	列	張

hán	lái	shǔ	wǎng
寒	來	暑	往

qiū	shōu	dōng	cáng
秋	收	冬	藏

rùn	yú	chéng	suì
閏	餘	成	歲

Name:

lù	lǚ	diào	yáng
律	呂	調	陽
yún	téng	zhì	yǔ
雲	騰	致	雨
lù	jié	wéi	shuāng
露	結	為	霜
jīn	shēng	lì	shuǐ
金	生	麗	水
yù	chū	kūn	gǎng
玉	出	崑	崗
jiàn	hào	jù	quē
劍	號	巨	闕
zhū	chēng	yè	guāng
珠	稱	夜	光

Thousand Character Classic 千字文 Chapter 1

Name:

guǒ	zhēn	lǐ	nài
果	珍	李	柰

cài	chóng	jiè	jiāng
菜	重	芥	薑

hǎi	xián	hé	dàn
海	鹹	河	淡

lín	qián	yǔ	xiáng
鱗	潛	羽	翔

Name:

lóng	shī	huǒ	dì
龍	師	火	帝

niǎo	guān	rén	huáng
鳥	官	人	皇

shǐ	zhì	wén	zì
始	制	文	字

nǎi	fú	yī	shāng
乃	服	衣	裳

tuī	wèi	ràng	guó
推	位	讓	國

yǒu	yú	táo	táng
有	虞	陶	唐

diào	mín	fá	zuì
弔	民	伐	罪

Name:

zhōu	fā	yīn	tāng						
周	發	殷	湯						

zuò	cháo	wèn	dào						
坐	朝	問	道						

chuí	gǒng	píng	zhāng						
垂	拱	平	章						

ài	yù	lí	shǒu						
愛	育	黎	首						

chén	fú	róng	qiāng						
臣	伏	戎	羌						

xiá	ěr	yī	tǐ						
遐	邇	壹	體						

shuài	bīn	guī	wáng						
率	賓	歸	王						

Name:

míng	fèng	zài	shù						
鳴	鳳	在	樹						

bái	jū	shí	chǎng						
白	駒	食	場						

huà	bèi	cǎo	mù						
化	被	草	木						

lài	jí	wàn	fāng						
賴	及	萬	方						

Thousand Character Classic 千字文 Chapter 3

Name:

gài	cǐ	shēn	fā
蓋	此	身	髮
sì	dà	wǔ	cháng
四	大	五	常
gōng	wéi	jū	yǎng
恭	惟	鞠	養
qǐ	gǎn	huǐ	shāng
豈	敢	毀	傷
nǚ	mù	zhēn	jié
女	慕	貞	絜
nán	xiào	cái	liáng
男	效	才	良
zhī	guò	bì	gǎi
知	過	必	改

Name:

dé	néng	mò	wàng
得	能	莫	忘
wǎng	tán	bǐ	duǎn
罔	談	彼	短
mí	shì	jǐ	cháng
靡	恃	己	長
xìn	shǐ	kě	fù
信	使	可	覆
qì	yù	nán	liáng
器	欲	難	量
mò	bēi	sī	rǎn
墨	悲	絲	染
shī	zàn	gāo	yáng
詩	讚	羔	羊

Name:

jǐng	xíng	wéi	xián
景	行	維	賢
kè	niàn	zuò	shèng
剋	念	作	聖
dé	jiàn	míng	lì
德	建	名	立
xíng	duān	biǎo	zhèng
形	端	表	正
kōng	gǔ	chuán	shēng
空	谷	傳	聲
xū	táng	xí	tīng
虛	堂	習	聽
huò	yīn	ě	jī
禍	因	惡	積

Name:

fú	yuán	shàn	qìng
福	緣	善	慶
chǐ	bì	fēi	bǎo
尺	璧	非	寶
cùn	yīn	shì	jìng
寸	陰	是	競
zī	fù	shì	jūn
資	父	事	君
yuē	yán	yú	jìng
曰	嚴	與	敬
xiào	dāng	jié	lì
孝	當	竭	力
zhōng	zé	jǐn	mìng
忠	則	盡	命

Name:

lín	shēn	lǚ	bó
臨	深	履	薄

sù	xìng	wēn	qìng
夙	興	溫	凊

shì	lán	sī	xīn
似	蘭	斯	馨

rú	sōng	zhī	shèng
如	松	之	盛

chuān	liú	bù	xī
川	流	不	息

yuān	chéng	qǔ	yìng
淵	澄	取	映

róng	zhǐ	ruò	sī
容	止	若	思

Thousand Character Classic 千字文 Chapter 3

Name:

yán	cí	ān	dìng
言	辭	安	定
dǔ	chū	chéng	měi
篤	初	誠	美
shèn	zhōng	yí	lìng
慎	終	宜	令
róng	yè	suǒ	jī
榮	業	所	基
jí	shèn	wú	jìng
藉	甚	無	竟
xué	yōu	dēng	shì
學	優	登	仕
shè	zhí	cóng	zhèng
攝	職	從	政

Name:

cún	yǐ	gān	táng
存	以	甘	棠

qù	ér	yì	yǒng
去	而	益	詠

lè	shū	guì	jiàn
樂	殊	貴	賤

lǐ	bié	zūn	bēi
禮	別	尊	卑

shàng	hé	xià	mù
上	和	下	睦

fū	chàng	fù	suí
夫	唱	婦	隨

wài	shòu	fù	xùn
外	受	傅	訓

Name:

rù	fèng	mǔ	yí
入	奉	母	儀
zhū	gū	bó	shū
諸	姑	伯	叔
yóu	zǐ	bǐ	ér
猶	子	比	兒
kǒng	huái	xiōng	dì
孔	懷	兄	弟
tóng	qì	lián	zhī
同	氣	連	枝
jiāo	yǒu	tóu	fēn
交	友	投	分
qiē	mó	zhēn	guī
切	磨	箴	規

Thousand Character Classic 千字文 Chapter 3

Name:

rén	cí	yǐn	cè
仁	慈	隱	惻
zào	cì	fú	lí
造	次	弗	離
jié	yì	lián	tuì
節	義	廉	退
diān	pèi	fěi	kuī
顛	沛	匪	虧
xìng	jìng	qíng	yì
性	靜	情	逸
xīn	dòng	shén	pí
心	動	神	疲
shǒu	zhēn	zhì	mǎn
守	真	志	滿

Name:

zhú	wù	yì	yí						
逐	物	意	移						

jiān	chí	yǎ	cāo						
堅	持	雅	操						

hǎo	jué	zì	mí						
好	爵	自	縻						

Thousand Character Classic 千字文 Chapter 4

Name:

dōu	yì	huá	xià
都	邑	華	夏

dōng	xī	èr	jīng
東	西	二	京

bēi	máng	miàn	luò
背	邙	面	洛

fú	wèi	jù	jīng
浮	渭	據	涇

gōng	diàn	pán	yù
宮	殿	盤	鬱

lóu	guān	fēi	jīng
樓	觀	飛	驚

tú	xiě	qín	shòu
圖	寫	禽	獸

Name:

huà	cǎi	xiān	líng
畫	綵	仙	靈

bǐng	shě	bàng	qǐ
丙	舍	傍	啟

jiǎ	zhàng	duì	yíng
甲	帳	對	楹

sì	yán	shè	xí
肆	筵	設	席

gǔ	sè	chuī	shēng
鼓	瑟	吹	笙

shēng	jiē	nà	bì
升	階	納	陛

biàn	zhuǎn	yí	xīng
弁	轉	疑	星

Name:

yòu	tōng	guǎng	nèi
右	通	廣	内

zuǒ	dá	chéng	míng
左	達	承	明

jì	jí	fén	diǎn
既	集	墳	典

yì	jù	qún	yīng
亦	聚	群	英

dù	gǎo	zhōng	lì
杜	稿	鍾	隸

qī	shū	bì	jīng
漆	書	壁	經

fǔ	luó	jiāng	xiāng
府	羅	將	相

Name:

lù	xiá	huái	qīng
路	俠	槐	卿
hù	fēng	bā	xiàn
戶	封	八	縣
jiā	gěi	qiān	bīng
家	給	千	兵
gāo	guàn	péi	niǎn
高	冠	陪	輦
qū	gǔ	zhèn	yīng
驅	轂	振	纓
shì	lù	chǐ	fù
世	祿	侈	富
chē	jià	féi	qīng
車	駕	肥	輕

Name:

cè	gōng	mào	shí						
策	功	茂	實						

lè	bēi	kè	míng						
勒	碑	刻	銘						

pán	xī	yī	yǐn						
磻	溪	伊	尹						

zuǒ	shí	ā	héng						
佐	時	阿	衡						

yǎn	zhái	qǔ	fù						
奄	宅	曲	阜						

wēi	dàn	shú	yíng						
微	旦	孰	營						

huán	gōng	kuāng	hé						
桓	公	匡	合						

Name:

jì	ruò	fú	qīng						
濟	弱	扶	傾						

qǐ	huí	hàn	huì						
綺	迴	漢	惠						

shuō	gǎn	wǔ	dīng						
說	感	武	丁						

jùn	yì	mì	wù						
俊	乂	密	勿						

duō	shì	shí	níng						
多	士	寔	寧						

jìn	chǔ	gèng	bà						
晉	楚	更	霸						

zhào	wèi	kùn	héng						
趙	魏	困	橫						

Name:

jiǎ	tú	miè	guó
假	途	滅	虢
jiàn	tǔ	huì	méng
踐	土	會	盟
hé	zūn	yuē	fǎ
何	遵	約	法
hán	bì	fán	xíng
韓	弊	煩	刑
qǐ	jiǎn	pō	mù
起	翦	頗	牧
yòng	jūn	zuì	jīng
用	軍	最	精
xuān	wēi	shā	mò
宣	威	沙	漠

Name:

chí	yù	dān	qīng
馳	譽	丹	青

jiǔ	zhōu	yǔ	jì
九	州	禹	跡

bǎi	jùn	qín	bìng
百	郡	秦	并

yuè	zōng	héng	dài
嶽	宗	恒	岱

chán	zhǔ	yún	tíng
禪	主	云	亭

yàn	mén	zǐ	sāi
雁	門	紫	塞

jī	tián	chì	chéng
雞	田	赤	城

Name:

kūn	chí	jié	shí						
昆	池	碣	石						

jù	yě	dòng	tíng						
鉅	野	洞	庭						

kuàng	yuǎn	mián	miǎo						
曠	遠	綿	邈						

yán	xiù	yǎo	míng						
巖	岫	杳	冥						

Name:

zhì	běn	yú	nóng
治	本	於	農

wù	zī	jià	sè
務	茲	稼	穡

chù	zǎi	nán	mǔ
俶	載	南	畝

wǒ	yì	shǔ	jì
我	藝	黍	稷

shuì	shú	gòng	xīn
稅	熟	貢	新

quàn	shǎng	chù	zhì
勸	賞	黜	陟

mèng	kē	dūn	sù
孟	軻	敦	素

Name:

shǐ	yú	bǐng	zhí						
史	魚	秉	直						

shù	jǐ	zhōng	yōng						
庶	幾	中	庸						

láo	qiān	jǐn	chì						
勞	謙	謹	敕						

líng	yīn	chá	lǐ						
聆	音	察	理						

jiàn	mào	biàn	sè						
鑒	貌	辨	色						

yí	jué	jiā	yóu						
貽	厥	嘉	猷						

miǎn	qí	zhī	zhí						
勉	其	祗	植						

Name:

shěng	gōng	jī	jiè
省	躬	譏	誡

chǒng	zēng	kàng	jí
寵	增	抗	極

dài	rǔ	jìn	chǐ
殆	辱	近	恥

lín	gāo	xìng	jí
林	皋	幸	即

liǎng	shū	jiàn	jī
兩	疏	見	機

jiě	zǔ	shéi	bī
解	組	誰	逼

suǒ	jū	xián	chǔ
索	居	閒	處

Name:

chén	mò	jì	liáo
沉	默	寂	寥

qiú	gǔ	xún	lùn
求	古	尋	論

sǎn	lǜ	xiāo	yáo
散	慮	逍	遙

xīn	zòu	lèi	qiǎn
欣	奏	累	遣

qī	xiè	huān	zhāo
慼	謝	歡	招

qú	hé	de	lì
渠	荷	的	歷

yuán	mǎng	chōu	tiáo
園	莽	抽	條

Name:

pí	pá	wǎn	cuì
枇	杷	晚	翠
wú	tóng	zǎo	diāo
梧	桐	早	凋
chén	gēn	wěi	yì
陳	根	委	翳
luò	yè	piāo	yáo
落	葉	飄	颻
yóu	kūn	dú	yùn
遊	鵾	獨	運
líng	mó	jiàng	xiāo
淩	摩	絳	霄

Name:

dān	dú	wán	shì
耽	讀	翫	市

yù	mù	náng	xiāng
寓	目	囊	箱

yì	yóu	yōu	wèi
易	輶	攸	畏

shǔ	ěr	yuán	qiáng
屬	耳	垣	牆

jù	shàn	cān	fàn
具	膳	餐	飯

shì	kǒu	chōng	cháng
適	口	充	腸

bǎo	yù	pēng	zǎi
飽	飫	烹	宰

Name:

jī	yàn	zāo	kāng
飢	厭	糟	糠

qīn	qī	gù	jiù
親	戚	故	舊

lǎo	shǎo	yì	liáng
老	少	異	糧

qiè	yù	jì	fǎng
妾	御	績	紡

shì	jīn	wéi	fáng
侍	巾	帷	房

wán	shàn	yuán	jié
紈	扇	圓	潔

yín	zhú	wěi	huáng
銀	燭	煒	煌

Thousand Character Classic 千字文 Chapter 6

Name:

zhòu	mián	xī	mèi
晝	眠	夕	寐

lán	sǔn	xiàng	chuáng
藍	筍	象	床

xián	gē	jiǔ	yàn
弦	歌	酒	宴

jiē	bēi	jǔ	shāng
接	杯	舉	觴

jiǎo	shǒu	dùn	zú
矯	手	頓	足

yuè	yù	qiě	kāng
悅	豫	且	康

dí	hòu	sì	xù
嫡	後	嗣	續

Name:

jì	sì	zhēng	cháng						
祭	祀	烝	嘗						

jī	sǎng	zài	bài						
稽	顙	再	拜						

sǒng	jù	kǒng	huáng						
悚	懼	恐	惶						

jiān	dié	jiǎn	yào						
牋	牒	簡	要						

gù	dá	shěn	xiáng						
顧	答	審	詳						

hái	gòu	xiǎng	yù						
骸	垢	想	浴						

zhí	rè	yuàn	liáng						
執	熱	願	涼						

Name:

lǘ	luó	dú	tè
驢	騾	犢	特
hài	yuè	chāo	xiāng
駭	躍	超	驤
zhū	zhǎn	zéi	dào
誅	斬	賊	盜
bǔ	huò	pàn	wáng
捕	獲	叛	亡

Thousand Character Classic 千字文 Chapter 7

Name:

bù	shè	liáo	wán
布	射	遼	丸
jī	qín	ruǎn	xiào
嵇	琴	阮	嘯
tián	bǐ	lún	zhǐ
恬	筆	倫	紙
jūn	qiǎo	rèn	diào
鈞	巧	任	釣
shì	fēn	lì	sú
釋	紛	利	俗
bìng	jiē	jiā	miào
並	皆	佳	妙
máo	shī	shū	zī
毛	施	淑	姿

Name:

gōng	pín	yán	xiào
工	顰	妍	笑
nián	shǐ	měi	cuī
年	矢	每	催
xī	huī	lǎng	yào
曦	暉	朗	曜
xuán	jī	xuán	wò
璇	璣	懸	斡
huì	pò	huán	zhào
晦	魄	環	照
zhǐ	xīn	xiū	hù
指	薪	修	祜
yǒng	suí	jí	shào
永	綏	吉	劭

Name:

jǔ	bù	yǐn	lǐng
矩	步	引	領
fǔ	yǎng	láng	miào
俯	仰	廊	廟
shù	dài	jīn	zhuāng
束	帶	矜	莊
pái	huái	zhān	tiào
徘	徊	瞻	眺
gū	lòu	guǎ	wén
孤	陋	寡	聞
yú	méng	děng	qiào
愚	蒙	等	誚
wèi	yǔ	zhù	zhě
謂	語	助	者

Name:

yān	zāi	hū	yě						
焉	哉	乎	也						

34940215R00069

Made in the USA
San Bernardino, CA
05 May 2019